Briefwechsel

zwischen Abgarus Ukkama,
Fürst von Edessa, und

Jesus

Das kleine Evangelium in Briefform

Historisch gesichert und voll bibelgemäß, d. h. reine evangelische Botschaft ohne jeglichen Widerspruch zur Bibel

Jesus von Nazareth offenbart Sich hier Selbst als Mensch seiender Gott; als der Christus (Messias), Heiland, Erlöser, der von den Propheten angekündigt und von Johannes dem Täufer erkannt wurde

Es sind diese Briefe an und von Jesus in den letzten Monaten und Wochen Seines Erdenlebens entstanden

Erster Brief des Abgarus an Jesus

*Abgarus, Fürst in Edessa, Jesu dem guten Hei-
lande, der in dem Lande um Jerusalem erschienen
ist, alles Heil!*
² *Ich habe von Dir gehört und von Deinen Ge-
sundmachungen, wie Du sie ohne Arzneimittel
und Kräuter verrichtest. Denn die Rede geht, daß
Du die Blinden sehen machst, die Lahmen gehen,
daß Du die Aussätzigen reinigst und die unreinen
Geister austreibst und diejenigen heilst, die mit
langwierigen Krankheiten kämpfen, und endlich
sogar die Toten auferweckst.*
³ *Nachdem ich alle diese Dinge von Dir gehört
habe, so habe ich demnach bei mir selbst geschlossen, eines von beidem müsse wahr sein:
entweder Du seiest Gott, vom Himmel herabgekommen – oder Du, der diese Dinge tut, seiest
doch zum wenigsten ein Sohn des großen Gottes!*
⁴ *Ich ersuche Dich daher durch dieses Schreiben,
Dich zu mir zu bemühen, um die Krankheit, die
ich habe, zu heilen!*
⁵ *Ich habe auch gehört, daß die Juden wider
Dich murren und Dir Böses zufügen wollen. –
Ich aber habe eine zwar kleine, aber wohlgeord-
nete Stadt, welche für uns beide hinreichend sein*

wird. Daher komme Du, mein überaus hochge-
achtetster Freund Jesus, zu mir und bleibe bei mir
in meiner Stadt und in meinem Lande! Da sollst
Du von jedermann auf Händen und im Herzen
getragen sein. – Ich erwarte Dich mit der größten
Sehnsucht meines Herzens!

[6] *Gesandt durch meinen getreuesten Knecht*
Brachus.

Erstes Antwortschreiben von Jesus

Abgarus, du bist selig, weil du Mich nicht gesehen und doch geglaubt hast! Denn siehe, es steht von Mir geschrieben, daß die, welche Mich gesehen haben, nicht an Mich glauben werden, auf daß die, welche Mich nicht gesehen haben, glauben und leben mögen in Ewigkeit!

2 Was aber das betrifft, darum du Mir schriebst, daß Ich solle zu dir kommen, da Ich hier im Judenlande verfolgt werde, da sage Ich dir: Es ist nötig, daß alles das, um dessentwillen Ich gekommen bin in die Welt, an diesem Orte an Mir erfüllt werde, und daß Ich, nachdem dieses alles in der Kürze an Mir erfüllt sein wird, zu Dem aufsteigen werde, von dem Ich ausgegangen bin von Ewigkeit.

3 Sei aber geduldig in deiner leichten Krankheit! So Ich in den Himmel werde aufgenommen sein, da werde Ich einen Jünger zu dir senden, damit er deine Krankheit heile und dir und allen, die bei dir sind, die wahre Gesundheit gebe!

4 Geschrieben durch Jakobus, einen Jünger des

Herrn Jesu Christi, und übersandt durch Bra-
chus, des Königs Boten, aus der Gegend Gene-
sareth.

[5] Bald darauf, als Abgarus vom Herrn Jesus diese
überhimmlische Antwort erhalten hatte, begab es
sich, daß dieses Königs ältester Sohn und Thronfolger in eine tödliche Fieberkrankheit verfiel, zu
der alle Ärzte in Edessa sagten, daß sie unheilbar
sei. Das brachte den armen Abgarus nahe zur
Verzweiflung. In solcher seiner übergroßen Betrübnis schrieb er abermals an den guten Heiland
Jesus.

Zweiter Brief des Abgarus an Jesus

Abgarus, ein armseliger Fürst in Edessa, Jesu dem guten Heilande, der erschienen ist in dem Lande um Jerusalem, alles Heil und alle Ehre Gottes!
[2] O Jesus, Du guter Heiland! Siehe, mein ältester Sohn, der Thronerbe, der sich mit mir über die Maßen auf Deine Ankunft in meiner Stadt freute, ist todeskrank geworden. Ein böses Fieber hat sich seiner bemächtigt und droht ihn in jedem Augenblicke zu töten! – Ich aber weiß, wie es mir der Bote beteuert hat, daß Du derlei Kranke ohne Arznei bloß durch Wort und Willen in die Ferne heilest! O Jesus, Du guter Heiland, Du wahrhaftiger Sohn des allerhöchsten Gottes, das Du sicher bist – lasse also auch meinen Sohn, der Dich so sehr liebt, daß er für Dich sogar in den Tod gehen möchte, wieder gesund werden durch Dein mächtiges Wort und Willen!
[3] O Jesus, Du guter Heiland! bescheide mich, der ich auch krank bin, nur diesmal nicht auf die Zeit nach Deiner mir verkündeten Himmelfahrt; sondern helfe, helfe, helfe sogleich meinem Sohne!

[4] Geschrieben in meiner Stadt Edessa, übersandt durch den früheren getreuen Boten.

Zweites Antwortschreiben von Jesus

*Abgarus, groß ist dein Glaube! Und darum
könnte es mit deinem Sohne wohl besser werden.
Aber da Ich bei dir Liebe gefunden habe, mehr
als in Israel, so will Ich dir auch mehr tun, als so
du nur allein geglaubt hättest!*

*² Siehe, Ich, der Herr von Ewigkeit, nun ein Leh-
rer der Menschen und ein ewiger Befreier vom
ewigen Tode, werde deinem Sohne das ewige
Leben schenken vor Meiner Auffahrt, da er Mich
ungesehen und ungekannt vor Meinem bevorste-
henden Leiden für alle Menschen aus seinem ganzen Herzen geliebt hat. Und so wirst du, Mein
lieber Abgarus, wohl deinen Sohn dem Leibe
nach verlieren in der Welt, aber dem Geiste nach
tausendfach gewinnen in Meinem ewigen Reiche!*

*³ Glaube aber ja nicht, daß dein Sohn, so er
sterben wird, im Ernste sterben wird! – Nein,
nein! Sondern wann er stirbt, da erst wird er erwachen vom Todesschlaf dieser Welt zum wahren, ewigen Leben in Meinem Reiche, welches ist
geistlich und nicht leiblich.*

*⁴ Darum lasse dich nicht betrüben in deiner See-
le! Denn siehe und schweige: Ich allein bin der
Herr, und außer Mir ist keiner mehr! Darum tue*

Ich frei, was Ich tue, und niemand kann zu Mir sagen: Tue das oder tue das nicht!

5 *Was Ich aber nun tue, und es zulasse, daß Ich wie ein schwacher Mensch verfolgt werde, das habe Ich schon ehedem vorgesehen, ehe noch die Erde gegründet war und eher, als Sonne, Mond und Sterne vom Himmel herab der Erde leuchteten. Denn Ich ging darum aus von Meinem Vater, der in Mir ist, wie Ich in Ihm! Der Vater aber ist das Höchste, denn Er ist Meine Liebe, Mein Wille. Der Geist aber, der aus Mir und dem Vater gehet, wirkend von Ewigkeit zu Ewigkeit, ist das Heiligste. Und das alles bin Ich, der dir nun solches offenbaret!*

6 *Darum betrübe dich nicht, da du nun weißt, wer Der ist, der dir nun solches veroffenbaret hat! Schweige jedoch davon bis dahin, da Ich werde am Pfahle erhöht werden von den Juden, davon dir sobald Kunde wird, als es geschehen wird, denn sonst würde die Welt vor der Zeit fallen!*

7 *In diesen Tagen aber wird ein armer Jüngling in deine Stadt kommen. Diesen nehme auf und tue ihm Gutes, so wirst du darob Mein Herz erfreuen, – darum Ich deinem Sohne eine so große Gnade erweise und ihn ob seiner Liebe vor Mir dahin gehen lasse, da Ich hingehen werde nach der Erhöhung am Pfahle. – Amen.*

8 *Geschrieben zu Kana in Galiläa durch den Jünger Johannes und übersandt durch des Königs Boten.*

Dritter Brief des Abgarus an Jesus

Abgarus, ein kleiner Fürst in Edessa, Jesu dem guten Heilande, der im Lande um Jerusalem erschienen ist, alles Heil in Ewigkeit!

² *Aus Deinem herrlichen Gnadenbriefe, den Du o Herr, Herr Gott von Ewigkeit, mir bestaubtem Wurme vor diesem meinem jetzt an Dich gerichteten Schreiben allergnädigst zugesandt hast zu meinem und meines Sohnes übergroßem Troste, habe ich klarst ersehen, daß in Dir die höchste Liebe wohnen muß. Denn sonst wäre es rein unmöglich, daß Du, als der einige Herr aller Himmel wie dieser Erde, mir, einem Wurme vor Dir, meines Dich über alles liebenden Sohnes wohlgedenkend, einen so allmächtig wirkenden Trost hättest können zukommen lassen! – Ich kann Dir, o Herr, dafür doch wohl nichts anderes tun als, vor Deinem allerheiligsten Namen in den Staub meiner Nichtigkeit sinkend, Dir meinen und meines Sohnes Dank darbringen. Nimm diesen unsern heißesten Dank als ein Pfand unserer heißesten Liebe gnädigst an und gedenke unser allezeit in Deiner für mich unbegreiflichen Milde!*

³ *Meines sehr kranken Sohnes Liebe zu Dir hat mir ein liebes Begehren nach Dir vor ein paar*

Tagen kundgetan. Herr, vergib es mir, so ich es Dir durch dieses Schreiben wieder kundtue! – Wohl weiß ich es, daß Dir unsere Gedanken schon eher bekannt sind, als ich und mein Sohn sie noch gedacht haben. Aber demungeachtet schreibe ich Dir, wie man einem Menschen schreibt, und tue das nach dem Rate jenes von Dir mir anempfohlenen armen jungen Menschen, der sich nun schon bei mir, bestgehalten, befindet, der da mir sagte, daß ja jedermann so zu Dir kommen müsse, der von Dir etwas erhalten will.

[4] Dieser junge Mensch gab vor, Dich gesehen zu haben. Er hat eine zwar sehr einfache, aber sonst, wie es mir vorkommt, sehr richtige und treffende Darstellungsgabe. Dieser junge Mensch, seiner Fähigkeit zufolge mir sehr teuer, beschrieb uns jüngst zu unserer größten Freude Deine Gestalt auf eine so anschauliche Weise, daß ich und mein Sohn, der noch lebt, aber wohl schon höchst schwach ist, Dich förmlich zu sehen glaubten. In meiner Stadt aber lebt ein sehr großer Künstler in der Malerkunst. Dieser malte mir sogleich nach der Darstellung des jungen Menschen Deinen Kopf mit der Brust. Mich und meinen Sohn überraschte dieses Bild um so höchst erfreulicher, als mir der arme junge Mensch beteuerte, daß Du, o Herr, gerade also aussähest!

[5] Darum aber habe ich nun auch diese Gelegenheit benützt, durch den treuen Überbringer dieses meines gebührendsten Dankschreibens Dir Dein

eigen Bild zu übersenden, auf daß Du es selbst besehen möchtest und mir dann kundtun durch den Boten, ob dieses Bild Dir wohl gleichsieht?

6 O Herr Jesus, Du guter Heiland aller Menschen, zürne uns ja nicht darob! Denn nicht eine verächtliche Neugierde, nein, sondern reine, übergroße Liebe zu Dir trieb uns dazu, uns dies allerteuerste Kleinod unseres Herzens also anfertigen zu lassen, auf daß wir von Dir uns doch irgendeine Vorstellung machen können, der Du unsere Herzen bis in die tiefste Tiefe mit Deiner Liebe erfüllt hast und bist geworden unser größter Reichtum, unser größter Trost und unseres Herzens köstlichster Brautschmuck im Leben und im Tode!

7 O Herr, höre ja nimmer auf, unser in Deinem Herzen zu gedenken! – Dein für uns heiliger Wille geschehe!

Drittes Antwortschreiben von Jesus

durch denselben Boten des Königs
innerhalb zehn Tagen

*Meinen Segen, Meine Liebe und Meine Gnade
dir, Mein geliebter Sohn Abgarus!*
*² Ich sagte hier in Judäa wohl oft zu denen, de-
nen Ich von allerlei Übeln des Leibes geholfen
habe: Siehe, das hat dir dein Glaube getan! –
Aber noch keinen habe Ich gefragt: Liebst du
Mich? Und noch keiner hat es Mir aus der Tiefe
seines Herzens gesagt: Herr! ich liebe Dich!*
*³ Du aber glaubtest lange schon zuvor, ohne
Mich gesehen zu haben, daß Ich der Einige es
bin. Und nun liebst du Mich schon wie einer, der
lange schon wiedergeboren wäre aus dem Feuer
des Geistes.*
*⁴ O Abgarus! Abgarus! Wüßtest du und könn-
test du es fassen, wie sehr Ich dich darum liebe
und welch eine große Freude du Meinem ewigen
Vaterherzen machest – dich würde die zu große
Seligkeit dessentwegen erdrücken, daß du nimmer leben könntest!*
*⁵ Sei aber standhaft bei allem, was du mit der
Zeit von den bösen Juden über Mich hören wirst,*

*die Mich bald in die Hände der Henker über-
geben werden. So du aber das hören wirst und
wirst dich nicht ärgern darob, so wirst du geistig
nach deinem Sohne der Erste sein, der lebendigen
Anteil an Meiner Auferstehung vom Tode haben
wird.*

[6] *Wahrlich, wahrlich sage Ich dir: Die da glauben Meiner Lehre, daß sie von Gott ist ausgegangen, die sollen auferwecket werden am jüngsten
Tage, allda ein jeder sein rechtes Gericht finden
wird. Aber die Mich wie du lieben, die werden
den Tod nimmer schmecken! Sondern wie schnell
da ist der schnellste Gedanke, also schnell auch
werden sie aus diesem Leben des Leibes in das
allerhellste ewige Leben verklärt werden und
werden Wohnung nehmen bei Mir, ihrem Vater
von Ewigkeit. Solches behalte jedoch sorgfältig
bei dir geheim, bis Ich werde auferstanden sein!*

[7] *Dann aber wird alsbald ein Jünger zu dir kommen, wie Ich dir schon im ersten Briefe verheißen
habe, und wird, bis auf deinen Sohn, der vor Mir
gehen wird ohne Schmerz in Mein Reich, dich
und dein ganzes Haus gesund machen leiblich
und geistlich.*

[8] *Ob der Ähnlichkeit zwischen Meiner Außen-
gestalt und deinem Mir durch deinen Boten zuge-
sandten Bilde wird dich dein Bote, der Mich nun
schon zum dritten Male sah, auf das getreueste
benachrichtigen.*

Wer ein Bild in deiner Absicht von Mir will, dem

*sei es keine Sünde! Denn da erduldet die Liebe ja
alles. Aber wehe denen, die Mich zu einem Göt-
zen gestalten werden! –
Halte aber auch das Bild geheim!*

[9] *Geschrieben in Judäa durch Meiner Jünger
einen, der Meinem Herzen nahe ist, und übersandt wieder durch denselben Boten.*

[10] *Mein Heil deinem Hause! – Amen.*

Vierter Brief des Abgarus an Jesus

sieben Wochen nach dem dritten geschrieben

Abgarus, ein kleiner Fürst in Edessa, Jesu dem guten Heilande, der im Lande um Jerusalem erschienen ist und nun verfolgt wird von einem Ende zum andern von den dummen, blinden Juden, die nicht erkennen das heilige Urlicht, die Sonne der Sonne in ihrer Mitte, alles Heil!

[2] O Du mein guter Heiland Jesus! Nun ist geschehen in der Wirklichkeit an meinem lieben Sohne, was Du, o Herr, mir im zweiten Briefe vorhergesagt hast. Er ist vor ein paar Tagen gestorben und hat mich auf dem Totenbette noch angelegentlichst mit vielen Tränen im Auge gebeten, ich möchte Dir mit diesem Schreiben seinen innigsten Dank ausdrücken dafür, daß Du ihn wirklich so ganz ohne Schmerzen und ganz ohne Furcht vor dem Tode des Leibes hast gnädigst dahinscheiden lassen.

[3] Dein Bild hat er wohl bei tausend Male an sein Herz gedrückt, und sein letztes Wort war: „O Du mein guter Vater Jesus! O Jesus, Du ewige Liebe, der Du allein das wahre Leben bist von Ewigkeit! Du, der Du jetzt wie eines Menschen Sohn wan-

delst unter denen, die Deine Allmacht ins Dasein
rief und ihnen Gestalt und Leben gab – Du
allein, ja Du bist meine Liebe in Ewigkeit! –
Ich lebe, ich lebe, ich lebe durch Dich in Dir
ewig!!!"

⁴ Nach diesen Worten verschied mein lieber
Sohn. Wohl wirst Du, o Herr, es wissen, daß da
so das irdische Ende meines Sohnes war und daß
ich und mein ganzes Haus viel geweint haben um
ihn. Aber dennoch schreibe ich Dir dieses wie ein
Mensch dem Menschen, dieweil es also mein ster-
bender Sohn vor seinem irdischen Ende sehn-
lichst gewünscht hat.

⁵ O Herr, vergib mir armem Sünder vor Dir, so
ich Dir nun schon durch ein viertes Schreiben zur
Last werde und Dir, o Herr, vielleicht irgendeine
Störung in Deinem allerheiligst wichtigsten Ge-
schäfte bewirke.

⁶ Schließlich wage ich noch die Bitte diesem
Schreiben anzufügen, daß Du Deinen Trost mir
nicht entziehen möchtest! Denn siehe, mich hat
nun nach meinem Sohne dennoch eine große
Traurigkeit befallen, der ich bei meinem festesten
und wie möglich besten Willen nicht ledig werden kann. Daher bitte ich Dich, Du guter Heiland, Du bester Vater von Ewigkeit, Du wollest
von diesem großen Schmerze mich frei machen.
Aber nicht mein, sondern Dein heiliger Wille geschehe!

Vierte, eigenhändige Antwort von Jesus in griechischer Zunge, während die früheren in jüdischer Zunge abgefaßt waren

Mein geliebter Sohn und Bruder Abgarus! Was deinen Sohn betrifft, so weiß Ich alles, und es ist Mir überaus lieb, daß es mit ihm ein so schönes Ende für diese Welt, aber einen noch bei weitem schöneren Anfang in Meinem Reiche genommen hat.

² Du aber tust wohl daran, so du um ihn ein wenig trauerst, denn siehe, der Guten gibt es wenige auf der Welt. Die aber da sind wie dein Sohn, die sind wohl einer Nachtrauer wert!

³ Siehe, auch Ich weine deinem Sohne eine köstliche Träne nach! – So ward alle Welt aus einer Träne aus Meinem Auge, und so wird der neue Himmel auch wieder gestaltet.

⁴ Ich sage dir, daß da gute Tränen von einem übergroßen Werte im Himmel sind. Denn mit diesen allerköstlichsten Juwelen wird der Himmel gezieret in Ewigkeit. Aber mit bösen Haß-, Neid- und Zorntränen wird die Hölle in ihren Festen gestärkt.

⁵ Daher sei dir das der größte Trost, daß du trauerst um den Guten! Behalte aber diese Trauer

noch eine Kürze, bis du nach Mir trauern wirst
eine Kürze; dann aber wird dich Mein Jünger von
allem frei machen.

6 Sei aber fortan sehr barmherzig, so wirst du
auch eine große Erbarmung finden! Vergiß der
Armen nicht! Diese sind allzumal Meine Brüder!
Was du ihnen tust, das tust du Mir, und Ich
werde es dir vergelten hundertfältig.

7 Suche das Große, das ist Mein Reich, so wird
dir auch das Kleine dieser Welt zukommen!
So du aber suchtest das Kleine, da könntest du
des Großen nicht wert erachtet werden.

8 Du aber hast [in deinem Gefängnisse] einen
Verbrecher, der nach deinem weisen Gesetze den
Tod verdient hat. Ich aber sage dir, Liebe und
Erbarmung stehen höher denn Weisheit und Ge-
rechtigkeit! Handle daher mit ihm nach der Liebe
und nach der Erbarmung, so wirst du eins sein
mit Mir und mit Dem, der in Mir ist und von dem
Ich ausgehe als Mensch dir gleich. –
Amen.

9 Von Mir Selbst geschrieben zu Kapharnaum
und übersandt durch deinen Boten.

Fünfter Brief des Abgarus an Jesus

geschrieben drei Wochen nach der Antwort des Herrn auf den vierten Brief

Abgarus, ein kleiner Fürst in Edessa, Jesu dem
guten Heilande, der im Judenlande um Jerusalem
erschienen ist als das Urlicht, als die ewige Ur-
kraft, die alles neu umschaffet – Himmel, Welten,
Wesen – und nicht erkannt wird von den Ersten,
die berufen sind, wohl aber von denen, die bereits
Tausende von Jahren in der Finsternis schmach-
teten, – alles Heil von uns Kindern der Nacht!
[2] *O Herr! Welcher Sterbliche kann wohl die*
Größe Deiner Liebe zu uns Menschen, die wir
nur Deine Geschöpfe sind, fassen – aus welcher
Liebe Du nun alles neu gestalten willst, und
willst aber dabei selbst einen Weg wandeln, der
nach meinen menschlichen Begriffen für Gott
fast unmöglich und undenkbar zu sein scheint!
[3] *Bist Du auch hier auf dieser Erde, die Du mit*
einem Hauche verwehen könntest, als ein ganz
einfacher Mensch unter den Menschen gegenwär-
tig, so regierest und erhältst Du aber aus Deinem
innersten Gottwesen dennoch die ganze Unend-
lichkeit! Und jeder Staub der Erde, jeder Tropfen
im Meere, Sonne, Mond und alle zahllosen Sterne
horchen der Allmachtstimme Deines Herzens,

das da der ewige Mittelpunkt aller Dinge und Wesen in der ganzen Unendlichkeit ist.

⁴ *O wie endlos selig müssen Deine Jünger sein, so sie Dich am hellsten Tage ihres Geistes nur so erkennen, wie ich armer Sünder aus meiner Nacht!*

⁵ *O wäre ich nur nicht lahm an meinen Füßen, wie lange schon wäre ich bei Dir! So aber sind meine elenden Füße mir ein Hindernis zu meiner größten Seligkeit geworden. Aber das alles ertrage ich nun gerne, weil Du, o Herr, mich nur insoweit für würdig befunden hast, mit mir armem, dummem Tropfe brieflich zu reden und mich über so viele Wunderdinge zu belehren, über die man freilich wohl nur von Dir, o Herr, nie aber von einem Menschen belehrt werden kann.*

⁶ *Was wußte ich wohl früher von einem Leben nach dem Tode? – Alle Weisen der Welt hätten mir dieses Rätsel nicht enthüllt. Denn unsere Vielgötterlehre hat wohl eine dichterische Unsterblichkeit, die aber ebensowenig der Wirklichkeit gleicht wie ein leerer Traum dem andern, in dem man bald auf dem Meere zu Fuße geht und fährt übers Land zu Schiffe.*

⁷ *Du, o Herr, aber hast es mir im Worte und in der Tat gezeigt, wie nach dem Tode dieses unseres sehr gebrechlichen Leibes erst ein vollkommenstes, wahrhaftiges, freiestes Geistesleben seinen Anfang nimmt und nimmerdar verändert wird ewig.*

⁸ *Aus diesem Grunde aber habe ich es mir nun*

23

auch zur unerläßlichen Aufgabe gemacht, Dir, o Herr, für diese endlos große Gnade durch dieses Schreiben meinen gebührendsten Dank darzubringen, der freilich gegen diese Deine endlos große Gnade in das reinste Nichts zerfällt.

[9] Aber was, o Herr, könnte ich Dir auch geben, das Du mir nicht zuvor gegeben hättest!?

[10] Ich denke, ein rechter Dank aus dem Herzen scheint mir noch das dem Menschen am meisten Eigenste zu sein, weil der Undank sicher sein volles Eigentum ist. Daher auch kann ich, o Herr, Dir nichts darbringen als eben meinen geringen Dank – aber dennoch mit der vollsten Versicherung, daß ich nun bereit bin, in meinem kleinen Staate alles sogleich einzuführen, was Du, o Herr, mir gnädigst gebieten möchtest, – also wie ich nach Deinem Wunsche den großen Staatsverbrecher nicht nur alsogleich aus dem Kerker heben, sondern ihn auch sogleich in meine Schule und an meinen Tisch bringen ließ.

[11] Ob ich daran recht getan oder etwa, wie man zu sagen pflegt, des Guten zuviel getan habe, das zu beurteilen reicht mein menschlicher Verstand nicht hin. Darum komme ich, o Herr, auch in diesem Stücke zu Dir mit diesem Schreiben, daß Du mir darüber die rechte Weisung gnädigst erteilen möchtest.

[12] Meine Liebe, meinen Dank und meinen kindlichsten Gehorsam Dir, o Herr Jesus, ganz allein! Dein Wille geschehe!

Fünftes Antwortschreiben von Jesus

Höre du, Mein geliebter Sohn und Bruder Abgarus! Ich habe nun bei zweiundsiebzig Jünger, darunter zwölf Apostel; aber alle zusammen haben nicht solche Sehekraft wie du allein, der du ein Heide bist und Mich nie gesehen hast und nicht alle die vielen Wunder seit Meiner Menschwerdung, seit Meiner Geburt.

² *Darum aber sei auch der besten Hoffnung; denn siehe, es wird geschehen, und es ist schon geschehen, daß Ich den Kindern das Licht nehmen werde und werde es in der Fülle geben euch Heiden! Denn siehe, erst vor kurzem habe Ich unter den hier mitunter lebenden Heiden, Griechen und Römern Glauben gefunden, desgleichen in ganz Israel nicht anzutreffen ist. Liebe und Demut aber sind nun unter den Juden ganz fremde Eigenschaften des menschlichen Herzens geworden, während Ich sie nicht selten unter euch im Vollmaße antreffe.*

³ *Siehe, darum werde Ich es den Kindern nehmen und werde es euch geben, das ist: all Mein Reich zeitlich und ewig! Die Kinder aber sollen sich nähren vom Unflate der Welt!*

⁴ *Du möchtest Meinen Willen in deinem Staate*

zum Gesetze machen. – Das wird sich vorderhand noch nicht tun, denn siehe, es gehört zu allem eine gewisse Reife. Aber Mein Gesetz ist nichts als Liebe. Willst du schon in deinem Staate etwas von Mir einführen, so führe dieses Gesetz ein, dann wirst du mit Meinem Willen ein leichtes Werk haben! Denn siehe, Mein Wille und Mein Gesetz sind so völlig eins, wie da Ich und der Vater völlig eins sind.

⁵ *Freilich liegt dann in Meinem Willen noch so manches, was du nun nicht fassen könntest. Wenn aber Mein Jünger zu dir kommen wird, der wird dich in alles leiten. Und so du durch ihn auf Meinen Namen getauft wirst, dann wird der Geist Gottes über dich kommen und wird dich selbst in allen Dingen unterweisen.*

⁶ *Mit dem Verbrecher hast du völlig recht getan. Denn siehe, Ich tue mit euch Heiden ja dasselbe. Deine Tat aber sei dir ein guter Spiegel dessen, was Ich schon tue und später in der Fülle tun werde.*

⁷ *Das zu deiner Ruhe und zu deinem Segen! – Amen.*

Sechster Brief des Abgarus an Jesus

zehn Wochen später geschrieben

Abgarus, ein kleiner Fürst in Edessa, Jesu dem guten Heilande alles Heil, der um Jerusalem erschienen ist, ein Heil allen Völkern, die eines guten Herzens sind und den rechten Willen haben, nach Seinem Worte ihr Leben einzurichten!
² *O Herr, vergib mir meine große Dreistigkeit und mein schon wahrhaft unverschämtes Zudringen zu Dir! Aber Du weißt es ja, daß gute Ärzte bei den Menschen stets in größtem Ansehen standen, weil sie allezeit noch in den Dingen der Natur die sichersten Kenntnisse besaßen, darum sich bei großen Erscheinungen in der Natur jedermann gerne an sie wandte, um von ihnen einen wennschon matten Aufschluß zu erhalten.*
³ *Um wie endlos höher über alle naturkundigen Ärzte der Welt stehst Du in meinen Augen, der Du nicht nur Arzt in allen Dingen, sondern auch zugleich Schöpfer und Herr aller Natur bist von Ewigkeit!!! Dir kann ich daher nun ganz allein meine gegenwärtige sonderbare Staatsnot vortragen und Dich dann aus aller Tiefe meines Her-*

zens um die gnädige Abwendung dieser sonderbaren Not anflehen.

⁴ Siehe, wie Du es sicher vom Grunde schon lange weißt, ist vor zehn Tagen hier ein kleines Erdbeben verspürt worden, welches, Dir ewig Dank, ohne besondere Spuren vorüberging. Ein paar Tage nach diesem Erdbeben fing [jedoch] alles Wasser an, trüb zu werden, und jeder Mensch, der das Wasser trank, bekam Kopfschmerzen und ward darauf ganz unsinnig.

⁵ Ich gab da sogleich ein strenges Gebot heraus, daß da in meinem ganzen Lande das Wasser so lange niemand gebrauchen darf, bis ich es wieder zu gebrauchen gebieten werde. Unter der Zeit aber sollen alle meine Staatsbürger zu mir nach Edessa kommen, allwo sie Wein und Wasser bekommen werden, das ich nun für den Zweck auf großen Schiffen eigens von einer ziemlich entfernten griechischen Insel holen lasse.

⁶ Ich glaube, weil mich zu dieser Handlung rein nur die Liebe zu meinem Volke und die wahrste Erbarmung über dasselbe antrieb, keine schlechte Tat begangen zu haben. Darum bitte ich Dich, o Herr, in aller Demut und Zerknirschtheit meines Herzens, Du wollest mir und meinem Volke aus dieser Not helfen!

⁷ Denn siehe, es will sich das Wasser nicht klären, und dessen tolle Wirkung ist stets die gleiche. O Herr, ich weiß, daß Dir alle guten und bösen Kräfte und Mächte untertan sind und müssen

*weichen Deinem Winke; daher bitte ich Dich,
Du wollest Dich gnädigst meiner erbarmen und
mich wegen des armen Volkes befreien von dieser
Plage! Dein göttlicher heiliger Wille geschehe!*

[8] Als der Herr diesen Brief gelesen hatte, erregte
Er sich tief in Seinem Innern und sprach laut wie
ein Donner: „O Satana, Satana! Wie lange willst
du Gott, deinen Herrn, noch versuchen!? Was tat
dir, du ärgste Schlange, dies arme, gute Völklein,
daß du es also scheußlich plagest?

[9] Auf daß du wieder erfahrest, daß Ich dein Herr
es bin, so habe es in diesem Lande von diesem
Augenblicke an ein Ende mit deiner Bosheit!
Amen.

[10] Hast du dir einst nicht bloß der Menschen
Fleisch bedungen, es zu proben, was Ich dir ge-
stattete wie bei Hiob?! Was machst du mit Meiner Erde?! – Hast du Mut, so greife Mich an!
Aber Meine Erde und die Menschen, die Mich in
ihren Herzen tragen, lasse in Ruhe bis zur Zeit,
die Ich dir zur allerletzten Freiheitsprobe gönnen
werde!“

Nach diesem Ausruf erst erging durch
einen Jünger an den Abgarus folgende

Sechste Antwort des Herrn Jesus

*Mein lieber Sohn und Bruder Abgarus! Diesen
argen Streich hat dir nicht dein Feind, sondern
allein Mein Feind gespielt! Du jedoch kennest
diesen Feind nicht; Ich aber kenne ihn schon gar
lange.*

2 *Dieser Mein Feind ist der alte unsichtbare
Fürst der Welt und hatte bisher eine große
Macht nicht nur auf dieser Erde, die sein Haus
ist, sondern auch in den Sternen. Allein seine
Macht wird nur noch eine kurze Zeit dauern,
und bald wird der Fürst dieser Welt geschlagen
werden.*

3 *Du aber fürchte ihn nimmerdar! Denn für dich
und dein Volk habe Ich ihn nun geschlagen. –
Gebrauche daher nun ganz ruhig das Wasser deines Landes, denn es ist in diesem Augenblicke
rein und gesund geworden.*

4 *Siehe, dieweil du Mich liebst, ist dir Arges begegnet. Weil aber deine Liebe zu Mir mächtiger
ward in der Bedrängnis, so hat deine Liebe gesiegt über alle Macht der Hölle, und du bist nun*

für alle Zeit frei vor solchen höllischen Ausgeburten!

5 Daher wird es kommen, daß der Glaube großen Versuchungen preisgegeben wird und wird durch Wasser und Feuer wandeln müssen. Aber das Feuer der Liebe wird das Glaubensprobefeuer ersticken und das Wasser mit seiner Allgewalt verdampfen.

6 Wie es aber nun deinem Lande natürlich ergangen ist, so wird es dereinst vielen aus Meiner Lehre ergehen geistig; sie werden auch sehr unsinnig werden, die aus den Pfützen der falschen Propheten trinken werden!

7 Meine Liebe, Meinen Segen und Meine Gnade dir, Mein Bruder Abgarus! – Amen.

Siebter Brief des Abgarus an Jesus

neun Wochen nach Empfang der sechsten
Antwort an den Herrn geschrieben und
fünf Tage vor dem Einzug in Jerusalem an
den Herrn gelangt

*Abgarus, ein kleiner Fürst in Edessa, Jesu dem
guten Heilande alles Heil, der erschienen ist in
der Gegend um Jerusalem, ein Heil allen Völkern, ein Herr und ein gesalbter König von Ewigkeit, ein Gott aller Kreatur, aller Menschen und
aller Götter, der guten wie der bösen!*
² *O mein Gott, o mein Herr, o Du alleiniger
Erfüller meines Herzens und vollster Inbegriff
aller meiner Gedanken! Ich weiß es zwar wohl
schon aus Deinem ersten gnädigsten Briefe an
mich, daß mit Dir nach Deinem eigenen unbegreiflichen Ratschlusse das alles geschehen muß,
was eben die argen jerusalemitischen Juden mit
Dir vorhaben.*
³ *Ich kann es mir wohl auch dunkel vorstellen,
daß das alles schon so wird sein müssen. Aber
daß sich mein Dich nun über alles liebendes Herz
dagegen sträubet, von meiner menschlichen Seite
betrachtet, das wirst Du, o Herr, sicher noch*

besser einsehen als ich, ein schwacher Mensch. Daß ich aber vollen Grund habe, Dir, o Herr, solches zu berichten, wird die Folge zeigen im Verlaufe dieses meines Schreibens.

[4] Siehe, ich als ein römischer Vasall, ein naher Verwandter des Tiberius, der da Kaiser (Cäsar) in Rom ist, habe auch in Jerusalem meine römischen getreuen Beobachter, die besonders ein scharfes Auge auf das dortige überaus hochmütige Priestertum haben. Diese meine Beobachter haben mir genau berichtet, was diese stolzen, übermütigen Priester und Pharisäer mit Dir vorhaben.

[5] Sie wollen Dich nicht nur nach ihrer Art steinigen oder verbrennen; nein, das ist ihnen viel zuwenig, sondern sie wollen an Dir ein Exempel der allerunmenschlichsten Grausamkeit statuieren! – Höre, o Herr! Diese Bestien in Menschengestalt wollen Dich an das Kreuz mit scharfen Nägeln heften lassen und Dich so lange daran hängen lassen, bis Du langsam vor den ungeheuersten Schmerzen stürbest am Schandpfahle! Und dieses Meisterstück menschlicher Bosheit wollen sie an diesem bald kommenden Osterfeste ausführen!

[6] Herr, sei es, wie es wolle – aber mich hat es bis ins Innerste empört! Ich weiß, wie diese rein sinnlichen und herrschsüchtigen Bestien Dich gar nicht darum töten wollen, weil Du Dich als ihren verheißenen Messias ausgibst vor dem Volke. O das würde diese priesterliche Hyänenbrut wenig kümmern; denn ich weiß es nur zu gut, daß sie

bei sich weder an einen Gott, noch viel weniger an Dich glauben und unter sich aus einer Gotteslästerung sich wenig machen.

[7] Aber sie haben einen ganz anderen Plan! – Siehe, diese Bestien wissen, daß sie von Rom ihrer geheimen Konspirationen wegen mit Argusaugen beobachtet werden. Und der sehr scharfsichtige Pilatus hat einen solchen hohepriesterlichen Aufstandsversuch, so fein er auch angelegt war, schon im vorigen Jahre genau durchschaut und hat, wie Du es weißt, bei fünfhundert Arme und auch Wohlhabende, zumeist leider Galiläer, vor dem Vorhofe am Feste ergreifen und sogleich enthaupten lassen, wodurch er sich freilich die Feindschaft des Herodes zuzog, da das meistens seine Untertanen getroffen hat.

[8] Dieses Beispiel wirkte stark erschütternd auf die Gemüter der Templer. Um die lästige Scharte auszuwetzen, haben sie nun Dich ausersehen, wollen Dich als einen Staatsrebellen beim Pontius anklagen und Dich auch als den Hauptträdelsführer des vorjährigen Aufstandes bezeichnen, um sich auf diese Art vor dem römischen Hofe wieder weiß zu waschen und dadurch Roms lästige Argusaugen von sich abzuwenden, um dann wieder leichter ihre Hochverratspläne zu schmieden, was ihnen aber auf keinen Fall gelingen wird. Du siehst es ohne dies mein Schreiben auch, und endlos besser, daß sie von Rom aus auf ein Haar durchschaut sind.

⁹ *Willst Du, o Herr, einen Dienst von mir, Deinem innigsten Freunde und Anbeter, so sende ich darob sogleich Eilboten nach Rom und zu Pontius, und ich stehe Dir dafür, daß diese Bestien in gleicher Zeit in dieselbe Grube fallen werden, die sie Dir bereitet haben!*

¹⁰ *Doch da ich Dich, o Herr, nur zu wohl kenne und wohl weiß, daß Du keines Menschen Rates bedarfst, so wirst Du wohl tun, was Dir am besten deucht. Ich als Mensch aber habe das als eine meiner ersten Pflichten angesehen, Dir die Sache also getreu kundzugeben, wie sie sich auf ein Haar also und nicht anders verhält – verbunden mit meinem herzinnigsten Danke für Deine Gnade, die Du mir und meinem Volke erwiesen hast.*

¹¹ *O Herr, lasse mich wissen, was ich hier für Dich tun soll! –*
Dein allzeit heiliger Wille geschehe!

Siebtes und letztes Antwortschreiben von Jesus

*Höre, Mein geliebter Sohn und Bruder Abgarus,
es verhält sich richtig alles genau also, wie du Mich
nun benachrichtiget hast. Aber dessenungeachtet
muß mit Mir alles also geschehen, weil sonst
kein Mensch ewig je das ewige Leben erreichen
könnte – was du jetzt freilich nicht einsiehst, aber
in Kürze dieses große Geheimnis einsehen wirst.*
*² Daher lasse vorderhand deine Mir freundlichst
dargebotenen Schritte für Meine Rechtfertigung.
Denn sie würden da wenig fruchten, wo des
Vaters ewige Macht waltet, der in Mir ist und Ich
als ein Mensch von Ihm ausgegangen bin.*
*³ Darum erschrecke dich Mein Kreuz ja nicht, an
das Ich geheftet werde, – denn siehe, gerade dieses Kreuz soll für alle künftigen Zeiten der
Grundstein zum Reiche Gottes und zugleich die
Pforte in dasselbe werden!*
*⁴ Ich aber werde nur drei Tage lang dem Leibe
nach tot sein. Am dritten Tage aber werde Ich als
ein ewiger Überwinder des Todes und der Hölle
wieder vom Tode in Jerusalem auferstehen und
Mein allmächtiges Gericht wird treffen alle Täter
des Übels.*

⁵ *Für die aber, die Meines Herzens sind, werde Ich dann die Pforte der Himmel weit auftun vor ihren Augen!*

⁶ *Wenn du aber in wenigen Tagen wirst am Tage die Sonne ganz verfinstert erschauen, dann denke, daß Ich, dein größter Freund und Bruder, am Kreuze gestorben bin! – Erschrecke aber nicht darob! Denn das alles muß so kommen, und den Meinen wird dennoch kein Haar gekrümmt werden.*

⁷ *Wann Ich aber auferstehen werde, in dem Augenblick sollst du ein Wahrzeichen bekommen, daran du Meine Auferstehung sogleich erkennen wirst!*

⁸ *Meine Liebe, Gnade und Mein Segen mit dir, Mein lieber Bruder Abgarus! – Amen.*

Einige Erläuterungen zum Inhalt

von Walter Lutz

In der durch Jakob Lorber 1845/46 geoffenbarten Wiedergabe des Briefwechsels Jesu mit Abgar Ukkama, dem Fürsten von Edessa, ist der von Jesus Christus verkündete wahre Heilsweg der Gottes- und Nächstenliebe in wunderbarer Weise geschildert.

Der Inhalt dieses einzigartigen Schriftdokumentes ist zugleich ein Beispiel dafür, wie lebendig und wie zart und tiefsinnig Gott die Menschen lehrt und zu sich zieht.

Aus geschichtlichen Berichten ist zu entnehmen, daß Abgar Ukkama ein Fürst oder König im Zweistromland Mesopotamien war, der, auf einer zum Friedenstiften unternommenen Reise nach Persien von einer Krankheit befallen, an beiden Beinen gelähmt wurde.

So kam es, daß Abgarus, als er von dem Wunderheiland Jesus hörte, an diesen schrieb: „*Nachdem ich diese Dinge von Dir gehört habe, so habe ich bei mir geschlossen, entweder Du seiest Gott, vom Himmel herabgekommen, oder Du, der diese Dinge tut, seiest doch zum wenigsten ein Sohn des großen Gottes. Ich ersuche Dich daher, Dich zu mir zu bemühen, um meine Krankheit zu heilen... Du sollst von jeder-*

mann auf Händen getragen sein! – Ich erwarte Dich mit der größten Sehnsucht meines Herzens."

Auf diesen Ruf in der Not antwortete der Herr durch einen Jünger: *„Abgarus, du bist selig, weil du Mich nicht gesehen und doch geglaubt hast!"*

Was war das für ein Glaube bei Abgarus, auf den der Herr eine solche Zuversicht geben konnte!? – Es war kein leichtfertiger Blindglaube, denn Abgarus hatte sich über den jüdischen Heiland, seine Wundertaten, Fähigkeiten und Gesinnung genau und gründlich erkundigt. Aber es war auch nicht ein bloßes Fürwahrhalten, ein bloßer Verstandesglaube; sondern der ehrliche, leidgeprüfte und gutherzige Fürst hatte sich durch seine Bemühungen Gewißheit verschafft, daß dieser weise, gütige und mächtige Heiland ein Gott oder Gottessohn sein müsse, und hatte aus seiner Glaubenserkenntnis zu ihm die „größte Sehnsucht" in seinem Herzen, also nicht bloß einen Verstandesglauben, sondern einen Herzensglauben, eine wahre Herzensliebe gefaßt. – Und nur im Hinblick darauf konnte Jesus dem Rufenden antworten: Du bist selig, weil du Glauben hast!

Aber noch war Abgarus erst am Anfang seiner Glaubens- und Liebesentwicklung. Noch hatte er gemeint, Jesus als ein gotterfüllter Arzt müsse, um ihn zu heilen, persönlich-leiblich zu ihm kommen. Auch hatte Abgarus in seinem Hilferuf nur an seine persönlich-leibliche Heilung gedacht.

Und so gab ihm Jesus in dem ersten Antwortschreiben weiter den merkwürdigen, für Abgarus sicher nicht so recht befriedigenden Bescheid: *„Sei aber geduldig in deiner leichten Krankheit! So Ich in den*

Himmel werde aufgenommen sein, da werde Ich einen Jünger zu dir senden, damit er deine Krankheit heile und dir und allen, die bei dir sind, die wahre Gesundheit gebe!"

Er heilt also den König nicht sofort, sondern vertröstet ihn auf eine spätere Zeit, in der nach des Herrn Tod ein Jünger kommen werde und ihn heile!

Wie gar mancher von uns hätte auf solchen Bescheid gesagt: Das ist mir ein schöner Heiland! Solch eine nichtssagende Vertröstung hätte mir jeder schreiben können! Und dabei soll ich auch noch durch meinen Glauben selig sein?! – Nein, mit diesem Wunderheiland kann es nichts sein!

In der Seele des Abgarus mag vielleicht eine ähnliche Stimme sich bemerkbar gemacht haben. Aber der durch sein Leiden nach innen gerichtete König lauschte auf die Gottesstimme in seinem Herzen, die ihm die Antwort des Herrn im wahren Lichte erklärte und die sein Vertrauen und seinen Glauben stärkte. –

Als kurze Zeit darauf sein ältester Sohn und Thronerbe in eine unheilbare Fieberkrankheit verfiel, da wandte sich Abgarus in seiner großen Betrübnis und Verzweiflung abermals an Jesus, den „guten Heiland", indem er Ihm schrieb:

„Ich weiß, wie es mir mein Bote beteuert hat, daß Du derlei Kranke ohne Arznei, bloß durch Wort und Willen in die Ferne heilst! O Jesus, Du guter Heiland, Du wahrhaftiger Sohn des allerhöchsten Gottes, lasse also auch meinen Sohn, der Dich so sehr liebt, daß er für Dich sogar in den Tod gehen möchte, wieder gesund werden durch Dein mächtiges Wort und Willen! O Jesus, du guter Heiland! Bescheide mich, der ich

41

auch krank bin, nur diesmal nicht auf die Zeit nach Deiner mir verkündeten Himmelfahrt; sondern helfe, helfe, helfe sogleich meinem Sohne!"

Der Glaube des Abgarus ist hier, obgleich er selber von seiner Krankheit nicht geheilt wurde, so weit gewachsen, daß er schreibt: Ich weiß, daß Du derlei Kranke heilst! – und zwar ohne Arznei, bloß durch Wort und Willen und ohne daß Du Dich persönlich an Ort und Stelle verfügst, sogar auf so weite Ferne wie von Deinem Land zu meinem. – Hier ist also ein ganz bedeutender Fortschritt im Glauben und inneren Wissen zu bemerken. Und Abgarus schreibt auch, daß auch sein Sohn den Herrn so sehr liebe, daß er für Ihn sogar in den Tod gehen möchte.

Der Herr läßt daher dem Hilferufenden antworten: *„Abgarus, groß ist dein Glaube! Und darum könnte es mit deinem Sohne wohl besser werden. – Aber da Ich bei Dir Liebe gefunden habe, mehr als in Israel, so will ich dir auch mehr tun, als so du nur allein geglaubt hättest!"*

Also der nunmehr groß gewordene Glaube könnte es an sich gar wohl bewirken, daß es mit dem Sohne irdisch-leiblich besser würde – aber – weil bei Abgarus und seinem Sohn Liebe gefunden ward, mehr als in Israel, so kann der Herr ihnen auch mehr tun, als so sie nur allein geglaubt hätten!

Worin besteht aber dieses der Liebe widerfahrende größere „Mehrtun"?

„Du wirst", läßt der Herr durch Seinen Jünger weiter schreiben, *„wohl deinen Sohn dem Leibe nach verlieren in der Welt – aber dem Geiste nach tausendfach gewinnen in Meinem ewigen Reiche!"*

Diese wahre, innige, auf großen Glauben begründete Gottesliebe verliert also „dem Leibe nach" in der vergänglichen Welt das Allerteuerste! Aber dem „Geiste nach" gewinnt sie tausendfach mehr in Gottes ewigem Reich!

Wem von uns wäre dies nicht auch schon widerfahren!? – Ja, wenn wir unser Herz ganz Gott und Seinem unsichtbaren Reich zuwenden, dann verlieren wir „dem Leibe nach" in der Welt; denn zwei Herren kann man nicht dienen.

Wir können nicht am Zeitlichen und Vergänglichen hängenbleiben, wenn wir das Ewige und Unvergängliche ergreifen wollen. Und sonach setzt der himmlische Vater uns hier in dieser Welt auf „schmale Ration", wenn Er uns vorbereiten will, für die Seligkeiten des Himmels zu leben.

Der Herr stärkt den Abgarus aber auch zugleich mit der tröstlichen, sicheren Verheißung: *„Glaube aber ja nicht, daß dein Sohn, so er stirbt, im Ernste sterben wird! – Nein, nein! Sondern wenn er (irdisch-leiblich) stirbt, da erst wird er erwachen zum wahren, ewigen Leben in Meinem Reiche, welches ist geistig und nicht leiblich!"*

Auch diese Worte gelten wiederum uns allen, die wir in der Liebe zu Gott Irdisches hingeben und verlieren! Denken wir daher in solchem Falle stets an diesen Bescheid des Herrn und die dem Abgarus gemachte Verheißung!

Mit dem willigen, hingebenden Jünger Abgarus ging der Herr nun aber in Seiner Schule des Glaubens und der Liebe noch im selben Antwortbrief um eine Stufe weiter, indem Er ihm am Schlusse dieses Briefes schreiben ließ: „*In den nächsten Tagen aber wird ein armer Jüngling in deine Stadt kommen. Diesen nimm auf und tue ihm Gutes, so wirst du darob Mein Herz erfreuen, – darum Ich deinem Sohne eine so große Gnade erweise und ihn ob seiner Liebe vor Mir dahin gehen lasse, da Ich hingehen werde nach der Erhöhung am Pfahle.*"

Wieso war denn das nun ein Weiterschreiten in der Erziehung zur Liebe!?

Blicken wir zurück auf den ersten Brief des Abgarus an den Herrn Jesus, so sehen wir, daß in diesem Notrufe der Fürst, wie schon früher gesagt, nur für sich selbst um Hilfe bat.

Es war also hier in ihm, dem Anfänger im Glauben und in der Liebe, vorerst nur die Selbstliebe regsam und hatte ihn getrieben, für das eigene leibliche Heil den jüdischen Wunderheiland anzurufen.

So beginnt es ja auch in der Regel bei uns allen. Aus eigener Not, in die uns des Herrn weise Führung geraten läßt, suchen wir, wenn alle anderen Mittel versagen, Hilfe beim unsichtbaren Gott. Und schon diesen Anfang pflegt der Gesuchte in Seiner Liebe und Gnade zu segnen, indem Er das von der Selbstliebe nach Ihm ausgeworfene Seil in Seinem göttlichen Lebensgrund verankert.

Aber bei der nach Hilfe und Rettung in Gott suchenden Selbstliebe, am Anfang der Entwicklung, läßt Gott es nicht bewenden. Unsere Liebe soll sich vom Punkt unseres Ich aus ausweiten, um nach und nach nicht bloß die Nächsten, sondern schließlich alle Wesen der Schöpfung unseres himmlischen Vaters zu umfassen.

Im zweiten Brief des Abgarus, dem Notruf für seinen Sohn, sehen wir daher den gelehrigen Schüler der Ewigen Liebe schon fortgeschritten zu der nächsthöheren Stufe, der Liebe für seinen seinem Herzen am nächsten stehenden Sohn und Thronfolger. – Diese Liebe für die eigenen, leiblichen Kinder ist ja schon eine Art der Nächstenliebe, wodurch der himmlische Vater die Menschen (und auch schon im höheren Naturreich die Tierseelen) lehrt, von sich selbst abzusehen und ihr liebendes Sinnen und Trachten anderen Wesen, nämlich ihren Kindern zuzuwenden.

Diese Art der Nächstenliebe für die leiblichen Nachkommen oder sonstigen Blutsverwandten hat als ein erster, unterster Grad der Nächstenliebe aber freilich noch viel Selbstliebe als Grundlage in sich. Sie gilt vor unserem himmlischen Vater nur als ein Anfang und ist ferne davon, uns vor Ihm vollendet erscheinen zu lassen. Ja, es ist nicht selten, daß in dieser Art Liebe der Mensch in seiner geistigen Entwicklung verhängnisvoll steckenbleibt und in der verzärtelnden, vergötternden Liebe zu den Kindern oder anderen Angehörigen in Wahrheit nur sich selbst liebt.

Darum geht der Herr am Schlusse Seines zweiten Schreibens mit Seinem gelehrigen Schüler sogleich weiter, indem Er ihm mitteilt, daß demnächst ein armer, wandernder Jüngling in des Abgarus Stadt komme. *„Diesen nimm auf und tue ihm Gutes, so wirst du Mein Herz erfreuen!"*

Nun kommt also für Abgarus eine Gelegenheit, seine Liebe auszudehnen auf einen ganz fremden, hergelaufenen, armen Wanderburschen – einen der Geringsten! Diesem soll er Gutes tun darum, daß der Herr

45

seinem Sohne eine so große Gnade erweist, ihn aus dieser irdischen Welt hinwegzunehmen!

Wieder hätte mancher von uns gesagt: Das ist mir ein schöner Ersatz für meinen Sohn und Erben! – Wie aber verhält sich Abgarus?

Im dritten Brief finden wir die Antwort! – Dort dankt der König für die himmlische Verheißung hinsichtlich seines Sohnes und läßt ganz kurz mit einfließen, daß der angesagte junge Mensch sich nun schon „bestgehalten" bei ihm befinde.

Abgarus hat also den armen Wanderburschen, dem Wunsche des Herrn entsprechend, freundlichst aufgenommen in beste Wahrung und Pflege.

Als ein bescheidener, demütiger Mann macht er aber davon nicht viel Redens und Rühmens, sondern berichtet nur beiläufig und knapp, daß der junge Mensch sich „bestgehalten" bei ihm befinde.

Wir sehen jetzt Abgarus von der Selbst- und Blutsverwandtenliebe fortgeschritten zu der völlig selbstlosen Liebe an einem ihm fremden, geringsten Mitmenschen.

Und nun berichtet uns derselbe Abgarusbrief weiter etwas sehr Entsprechungsvolles und Denkwürdiges! – Daß nämlich durch eben diesen aufgenommenen armen Jüngling der König und sein Sohn auf wunderbare und doch geistig begreifliche Weise zu einem getreuen Bildnis des Herrn Jesus kamen.

„In meiner Stadt", berichtet Abgarus, „lebt ein großer Künstler in der Malkunst. Dieser malte mir sogleich nach der Darstellung des jungen Menschen Deinen Kopf mit der Brust. Mich und meinen Sohn überraschte dieses Bild um so höchst erfreulicher, als mir

46

der arme junge Mensch beteuerte, daß Du, o Herr, gerade also aussähest."

Was hat nun diese Sache geistig zu bedeuten? – Wieso ist der Empfang des Bildes des Herrn auf dieser Stufe der Herzens- und Heilsentwicklung des Abgarus von entsprechungsvoller Bedeutung?

Der Empfang des Bildes will bedeuten, daß in uns allen, wenn wir von der Selbstliebe fortschreiten zur reinen, selbstlosen Nächstenliebe, die sich auch des Ärmsten annimmt, in dem unserer Seele innewohnenden reinen Geist das Bild des Herrn lebendig wird – uns zum größten Heile und zur höchsten Seligkeit.

Der Herr läßt durch Seinen Jünger dem Abgarus auf die letzte Nachricht daher auch schreiben: *„O Abgarus! Abgarus! Wüßtest du und könntest du es fassen, wie sehr Ich dich darum liebe und welch eine große Freude du Meinem ewigen Vaterherzen machest, dich würde die zu große Seligkeit erdrücken!"*

Und über die große, in Abgarus nun zum Ausdruck gekommene Gottes- und Bruderliebe schreibt Jesus:

„Die da glauben Meiner Lehre, daß sie von Gott ist ausgegangen, die sollen auferweckt werden am jüngsten Tage, allda ein jeder sein rechtes Gericht finden wird. Aber die Mich wie du lieben, die werden den Tod nimmer schmecken! Sondern wie schnell da ist der schnellste Gedanke, also schnell auch werden sie aus diesem Leben des Leibes in das allerhellste, ewige Leben verklärt und werden Wohnung nehmen bei Mir, ihrem Vater von Ewigkeit."

Im Besitz dieser herrlichen Trost- und Verheißungsworte und des beseligenden Bildnisses des Herrn konnte so auch Abgarus in seinem nun folgenden vier-

47

ten Brief an den Herrn in tiefem Seelenfrieden schreiben, daß sein Sohn vor einigen Tagen heimgegangen sei mit der Bitte, er, Abgarus, möge dem Herrn den „innigsten Dank" ausdrücken dafür, daß Er den Sohn wirklich so gnädigst habe dahinscheiden lassen. Der Sohn sei in der reinsten Himmelsfreude gestorben mit dem Ruf: *„Du allein, ja Du bist meine Liebe in Ewigkeit!! – Ich lebe, ich lebe durch Dich – in Dir – ewig!!"*

Auf diese völlige, freudige Hingabe des Höchsten und Liebsten, was die Welt ihm geboten hatte, und auf diese Kundgabe zuversichtlichsten Glaubens und glühender Liebe berichtet der Briefwechsel nun wiederum über ein neues, noch bedeutsameres Geschehnis!

Während die bisherigen Briefe der Herr nicht persönlich, sondern durch Seine Jünger geschrieben hatte, kommt nun eine „eigenhändige" Antwort des Herrn Jesus, und zwar in griechischer Zunge, der Verkehrssprache der Heidenvölker, während die früheren in jüdischer Zunge abgefaßt waren.

Auch in diesem scheinbar unwesentlichen Geschehen liegt eine tiefe, entsprechungsvolle Lehre! –

Wenn wir in der Liebe zu Jesus so weit fortgeschritten sind, daß wir in unerschütterlichem Glauben und in glühender Liebe zum Herrn alles Irdische, selbst das Teuerste hingeben und uns des Eigenen völlig entäußern, dann kommt der Herr, der bis dahin durch Seine Diener (Schutzgeister und Engel) mit uns verkehrte, in eigener Person und spricht zu uns im Kämmerlein unseres Herzens nicht mehr nur in altjüdischer Zunge, d. h. im äußeren, biblischen Gotteswort, sondern durch das innere Wort in unserer eigenen Sprache des Herzens.

Und was sagt und lehrt uns diese Stimme: *„Sei fort-an sehr barmherzig, so wirst du auch eine große Er-barmung finden! Vergiß der Armen nicht! Diese sind allzumal Meine Brüder! Was du ihnen tust, das tust du Mir, und Ich werde es dir vergelten hundertfältig! – Suche das Große, das ist Mein Reich, so wird dir auch das Kleine dieser Welt zukommen! So du aber suchtest das Kleine, da könntest du des Großen nicht wert erachtet werden."*

Diese Worte, welche der Herr mit der bedeutsamen Anrede „Mein geliebter Sohn und Bruder" nun persönlich und in der wohlverständlichen eigenen Sprache an den Abgarus richtet, sind der Kern aller von Ihm in unseren Herzen auch an uns gerichteten Lehren.

Bei Abgarus jedoch geht der Herr in Seinem Lehr- und Heilbemühen im selben Brief nun unmittelbar über zur höchsten und letzten Stufe der Nächstenliebe – der Feindesliebe, indem Er scheinbar wie zufällig hinzufügt:

„Du aber hast in deinem Gefängnisse einen [Staats-] Verbrecher, der nach deinem weisen Gesetze den Tod verdient hat. Ich aber sage dir, Liebe und Erbarmung stehen höher als Weisheit und Gerechtigkeit! Handle daher mit ihm nach der Liebe und nach der Erbar-mung, so wirst du eins sein mit Mir und mit Dem, der in Mir ist und von dem Ich ausgehe als Mensch dir gleich."

Dies war für Abgarus wiederum keine kleine Zumutung. Denn er wurde damit vor eine neue, große Aufgabe und gewaltige Herzensprobe gestellt und sollte nun in seiner Entwicklung auf dem Heilsweg auch noch das Schwierigste lernen: einen Staatsverbrecher, also einen höchst gefährlichen Menschen, den er in seinem Kerker verwahrte, nicht mit Weisheit und Gerechtigkeit, sondern mit Liebe und Erbarmung zu behandeln!

Auch diese Schule und Prüfung hat Abgarus bestanden. Schon nach drei Wochen konnte er in seinem nächsten, dem fünften Brief an den Herrn schreiben: *„Den großen Staatsverbrecher habe ich nach Deinem Wunsche nicht nur sogleich aus dem Kerker heben, sondern ihn auch in meine Schule und an meinen Tisch bringen lassen. Ob ich daran recht getan oder etwa, wie man zu sagen pflegt, des Guten zuviel getan habe, das zu beurteilen reicht mein menschlicher Verstand nicht hin. Darum komme ich, o Herr, auch in diesem Stücke zu Dir, daß Du mir darüber die rechte Weisung gnädigst erteilen möchtest.“*

Und Abgarus, der auf dieser Stufe der Liebe nun in Jesus, dem äußerlich ganz einfachen Menschen, das unendliche, das ganze All gestaltende und beherrschende Gottwesen erkennen darf, möchte aus dankbarem Herzen in seinem ganzen Staate sogleich alles einführen, was Er, der Herr, ihm gnädigst gebieten möchte.

Auf diese volle Hingabe verheißt der Herr in Seiner Antwort Seinem „geliebten Sohn und Bruder Abgarus“, daß Er ihm das volle Licht und die volle Seligkeit der Gotteskindschaft geben werde, und Er enthüllt ihm die Grundlage Seines Reiches und allen Heils mit den Worten:

„Mein Gesetz ist nichts als Liebe!“

Freilich, heißt es weiter, liege aber in Gottes Willen noch so manches, was Abgarus jetzt noch nicht fassen könne. Aber wenn der Geist Gottes demnächst über ihn komme, dann werde ihn dieser in allen Dingen unterweisen. Mit dem Verbrecher habe Abgarus recht getan. *„Denn siehe, Ich tue mit euch Heiden ja dasselbe. Deine Tat aber sei dir ein guter Spiegel dessen, was Ich schon jetzt tue und später in der Fülle tun werde."*

Nun, da Abgarus mit der edelmütigen Behandlung seines schlimmsten Feindes auf der höchsten Stufe der Geschöpfesliebe angelangt war, sollte man meinen, daß es ihm irdisch aufs beste hätte ergehen sollen, und daß seine auf sein ganzes Volk ausgedehnte Liebe sich jetzt auch ungestört hätte auswirken dürfen.

Aber der sechste Brief und Notruf des Abgarus meldet uns – wiederum sehr denkwürdig und entsprechungsvoll – etwas ganz anderes! Da schreibt der vielgeprüfte König:

„O Herr, vergib mir mein unverschämtes Zudringen! Aber Du weißt ja, daß gute Ärzte bei den Menschen stets in größtem Ansehen standen... Um wie endlos höher als alle naturkundigen Ärzte der Welt stehst Du in meinen Augen, der Du nicht nur Arzt in allen Dingen, sondern auch zugleich Schöpfer und Herr aller Natur bist von Ewigkeit! Ich kann daher auch nur Dir allein meine gegenwärtige sonderbare Staatsnot vortragen.

Siehe, vor zehn Tagen ist hier ein Erdbeben verspürt worden, welches ohne besondere Spuren vorüberging. Ein paar Tage danach fing jedoch alles Wasser an trüb zu werden, und jeder Mensch, der das Wasser trank, bekam Kopfschmerzen und ward darauf ganz unsinnig. – Abhilfe war bis jetzt nicht möglich. – Darum bitte ich Dich, o Herr, in aller Demut und Zerknirschtheit meines Herzens, Du wollest mir und meinem Volke aus dieser Not helfen!"

In diesen Worten des Abgarus fällt uns auf, daß er, der alles getan hatte, was der Herr von ihm verlangte – er, der den armen Jüngling aufgenommen und seinem Feind vergeben hatte –, nach dieser neuen Heimsuchung nicht mit Unmut und Hader vor den Herrn tritt, nicht in geistigem Hochmut spricht: Herr, was bin ich! – und warum läßt Du solches über mich kommen? Nein, wir lesen in seinem Schreiben: *„In aller Demut und Zerknirschtheit meines Herzens bitte ich Dich."*

Und trotz des neuen Unglücks, das über sein Land hereingebrochen war, schreibt er in der vollsten Zuversicht: *„O Herr, ich weiß, daß Dir alle guten und bösen Kräfte und Mächte untertan sind und Deinem Winke weichen müssen."*

In dieser schweren Prüfung sehen wir also den in den ersten Briefen zutage getretenen Glauben des Abgarus zur vollen Gewißheit und zum allerhöchsten Vertrauen gereift!

Und nun berichtet der Briefwechsel über den wahren Hintergrund des schrecklichen Geschehens: *„Als der Herr diesen Brief gelesen hatte, erregte Er sich tief in Seinem Innern und sprach laut: ‚O Satana! Wie lange willst du Gott, deinen Herrn, noch versuchen?! Auf daß du wieder erfahrest, daß Ich dein Herr es bin, so habe es in diesem Lande von diesem Augenblicke an ein Ende mit deiner Bosheit!' "* – Und dem Abgarus schreibt der Herr: „*Diesen argen Streich hat dir nicht dein Feind, sondern Mein Feind gespielt. Fürchte du ihn aber nimmerdar! Denn für dich und dein Volk habe Ich ihn nun geschlagen!*"

Was besagt nun diese Antwort des Herrn, und was bedeuten diese zuletzt geschilderten Ereignisse im Leben und in der Seelenentwicklung des Abgarus?

Wenn der Gegenpol Gottes, der Fürst dieser Welt, merkt, daß eine Seele durch ihre Reifung im Glauben und in der Liebe aus seinem Bereich zu entschwinden droht, dann setzt er alles in Bewegung, um dies zu vereiteln. Da er eine solche Seele aber nicht mehr unmittelbar in ihrem geistigen Besitz, d. h. in ihrem Glauben und in ihrer Liebe zu Gott, anfassen und erschüttern kann, so macht er sich an des Menschen materielle Grundlage, seinen „Erdboden", und bewirkt da mit aller Macht ein möglichst gewaltiges „Erdbeben", indem er dem Menschen seine materielle Existenz erschüttert und zu vernichten sucht – und, wenn solches nicht zum Ziele führt, die Quellen und Brunnen vergiftet, das heißt, mit giftigen Verleumdungen den Menschen überflutet und zu verderben strebt.

Ist dies nicht eine im geistigen Leben häufig zu beobachtende Tatsache? Wir haben vielleicht alle schon mehr oder weniger etwas davon gespürt.

Wenn der Mensch sich auch von solch äußerster materieller Prüfung auf dem Boden der Demut nicht erschüttern läßt, vielmehr in gesteigertem Maße seine Zuversicht auf den himmlischen Vater und dessen Allmacht setzt – dann kommt der Augenblick, wo das Böse sowohl seine versuchende wie auch seine bedrän-

53

gende Macht an ihm verliert und der Herr für diesen Menschen den „Feind schlägt und bindet" – weil für diese nunmehr gereifte Seele die versuchende und bedrängende Macht des Gegenpols als Erziehungs- und Festigungsmittel ferner nicht mehr notwendig ist.

Diesen tiefen Sinn seiner letzten Erlebnisse erklärt nun auch der Herr dem Abgarus mit den herrlichen Worten: *„Siehe, dieweil du Mich liebst, ist dir Arges begegnet. Weil aber deine Liebe zu Mir mächtiger ward in der Bedrängnis, so hat deine Liebe gesiegt über alle Macht der Hölle, und du bist nun für alle Zeit frei vor solchen höllischen Ausgeburten!"*

Nachdem Abgarus diese tiefe Aufklärung über die wunderbaren Führungs- und Erziehungswege Gottes empfangen hat, ist es bei ihm nun aber auch mit allem Irdisch-Weltlichen sozusagen aus, und es hat in seinem Herzen nichts anderes mehr Raum als allein – der Herr!

Im Vordergrund seiner Gedanken steht nicht mehr sein eigenes, selbstisches Ich, nicht mehr sein leiblicher Sohn, noch der arme Wanderbursche, noch der Staatsfeind, noch sein Volk, – in seiner übergroßen Dankbarkeit und Liebe kann er nur noch rufen: *„O mein Gott, o mein Herr, o Du alleiniger Erfüller meines Herzens und vollster Inbegriff aller meiner Gedanken!"*

Und nur noch an den Herrn und dessen bevorstehendes Kreuzesschicksal kann er denken, und sein Sinn und Wille ist nur noch: *„O Herr, lasse mich wissen, was ich für Dich tun soll!! Dein allzeit heiliger Wille geschehe!!"*

Wir sehen hier Abgarus in jener höchsten geistigen

Feuerglut und letzten Hingabe der vollendeten Engel, die nur noch auf den Herrn schauen, nichts Eigenes mehr wollen, sondern nur noch durch und durch feurige Bereitschaft sind, den Willen Gottes zu vollführen.

„Herr, lasse mich wissen, was ich für Dich tun soll!!" Das ist der auf dem Heilsweg des Glaubens und der Liebe erklommene Gipfel der Vollendung, auf welchem jene Geister als Engel und Engelsfürsten stehen, die die schwere irdische Lebensschule durchgemacht und, der göttlichen Führung folgend, das Ziel erreicht haben.

Ihnen kann nun der Herr zur Erfüllung ihrer Aufgaben die tiefsten Geheimnisse Seines Schöpfungs- und Heilsplanes vollends enthüllen.

Und so eröffnet der Herr in Seinem letzten Antwortschreiben dem Abgarus, daß und warum mit Ihm, dem Herrn, alles so geschehen müsse.

Das Geheimnis des Kreuzes wird ihm enthüllt: *„Mein Kreuz, an das Ich geheftet werde, erschrecke dich ja nicht, – denn siehe, gerade dieses Kreuz soll für alle künftigen Zeiten der Grundstein zum Reiche Gottes und zugleich die Pforte in dasselbe werden."*

Aber auch der sieghafte Ausgang des großen Geschehens wird ihm vorhergesagt: *„Nur drei Tage lang werde Ich dem Leibe nach tot sein. Am dritten Tage aber werde Ich als ein ewiger Überwinder des Todes und der Hölle wieder vom Tode auferstehen und Mein allmächtiges Gericht wird treffen alle Täter des Übels."*

„Für die aber", so schließt der Briefwechsel mit einem großen, herrlichen Ausblick, *„die Meines Her-*

55

*zens sind, werde Ich dann die Pforte der Himmel weit
auftun vor ihren Augen!"*

Wenn wir aus dieser Sicht diesen uns durch Jakob
Lorber wiedergegebenen Briefwechsel überblicken, so
sehen wir, daß in diesem kleinen, tiefsinnigen Evangelium, in der lebendigen Form einer lebenswahren Geschichte, eine höchst klare und überzeugende Lehre
vom allein wahren, zuverlässig zu Gott führenden
Heilsweg gegeben ist.

Wir sehen alle Stufen der geistigen Entwicklung,
vom einfachen Glauben an den göttlich begnadeten
Wunderheiland bis zum unerschütterlichen Wissen
von der Alliebe, Allweisheit und Allmacht Gottes in
Jesus – und andererseits auch alle Arten und Stufen
der Liebe: von der nur auf die eigene, leibliche Heilung bedachten Selbstliebe bis zur allerhöchsten geistigen, reinsten Jesus- und Vaterliebe.

Wer diese herrliche kleine Offenbarungsschrift gelesen und erfaßt hat, wird erkennen, daß solches Licht
nur aus den höchsten Himmeln, nur aus der reinsten
Quelle göttlicher Wahrheit und Liebe kommen kann.

Geschichtliche Betrachtungen zum Briefwechsel zwischen Abgarus Ukkama und Jesus von Nazareth

Im Evangelium des Johannes 20,30 lesen wir, daß der Heiland viele Zeichen getan hat, die nicht im Evangelium aufgeschrieben wurden.

Wie hätte es auch anders sein können! Drei Jahre lang hat der Herr gepredigt, Kranke geheilt und Wunder gewirkt. Wie könnte dies alles auf den wenigen Seiten der Evangelien aufgezeichnet sein?!

In den Kanon der Bibel (Kanon ist die Bezeichnung für die Sammlung der bibl. Bücher, die als inspiriert und als für den Glauben maßgebend gelten) wurden von den vielen zur damaligen Zeit in Umlauf befindlichen Schriften nach sorgfältiger Prüfung nur einige wenige aufgenommen.

Die Briefe, die der anscheinend reiseunfähige Fürst von Edessa an den „Wunderheiland" Jesus von Nazareth schrieb, standen möglicherweise zur damaligen Zeit, als die Bibel zusammengestellt wurde (ein feststehender Kanon des Neuen Testaments bestand etwa gegen Ende des 2. Jh.s (1)), den Kirchenvätern nicht oder vielleicht nicht vollständig zur Verfügung.

In späterer Zeit meinte man, daß vielleicht erst eine lokale Legende des 3. Jahrhunderts einen solchen Briefwechsel des Heilands zustandegebracht habe.

Diese Behauptung kann sich berufen auf das sog.

Decretum Gelasianum, das der fränkischen Kirche entstammt und eine Liste der „aufzunehmenden und nicht aufzunehmenden Bücher" enthält. Das Decretum ordnet den Briefwechsel ein in die Liste der nicht aufzunehmenden apokryphen Bücher (Apokryphen sind Schriften ungesicherten Ursprunges). Diese Ablehnung gründet sehr wahrscheinlich auf der Ansicht des Kirchenlehrers Augustinus, echte Jesusbriefe gebe es nicht. (2)

Es ließen sich viele weitere Überlegungen anstellen über mögliche Ursachen, warum dieser Briefwechsel nicht in der Bibel enthalten ist; Tatsache ist, wir wissen es nicht. Eine weitere Tatsache ist aber die, daß geschichtliche Hinweise darüber auffindbar sind, daß ein solcher Briefwechsel zwischen Abgar Ukkama und Jesus tatsächlich stattgefunden hat.

Es steht geschichtlich fest, daß ein König namens Abgar V. Ukkama als 15. König das Königreich Osrhoene regiert hat. Und zwar leitete er nach der Chronik von Edessa zweimal die Geschicke seines Landes als Landesfürst: zunächst vom Jahre 4 v. Chr. bis zum Jahre 7 n. Chr., und zum zweiten Male vom Jahre 13 n. Chr. bis 50 n. Chr. (3)

Abgar, syrisch abgâr, awgâr, griechisch Abgaros oder Augaros, (Ἄβγαρος, Αὔγαρος) ist ein Eigenname semitischen Ursprungs (4). Syrische Sprachkenner sehen in Abgâr ein Synonym von hagîrâ = „hinkend". – Vielleicht war es wegen dieses körperlichen Zustandes, daß er den Wunsch hegte, der große Wundertäter aus Palästina möge ihn von diesem seinem langjährigen Leiden befreien. Des Königs Beiname war Ukkama, oder besser ûkhâmâ, d. h. der „Schwarze". Im Griechischen wurde daraus Ouchama oder Ouchaniäs (οὐχαμᾶ, οὐχανίμς). (5)

In der syrischen Kirche galt die Tradition vom Briefwechsel Jesu mit König Abgar als eine unbestreitbare Tatsache. Syrische Dokumente aus frühchristlicher Zeit berichten davon. Die syrische Liturgie erwähnt den Briefwechsel als eine geschichtliche Gegebenheit. Die „Doctrina Addai", wahrscheinlich aus dem 4. Jahrhundert, übernimmt die alte Tradition und weitet sie aus. Bemerkenswert ist auch, daß es in Edessa bereits vor dem Jahre 170 eine bedeutende Christengemeinde gab. Es müssen also dorthin bereits sehr früh christliche Glaubensboten gekommen sein, die dort offene Herzen für die Lehre Jesu Christi fanden. (6)

Rubens Duval weist auch in seiner „Histoire politique, religieuse et littéraire d'Edesse" darauf hin, daß die alte Tradition vom Briefwechsel Jesu mit Abgar stets ein weites Echo im Orient gefunden hat. (7)

Der hervorragendste Zeuge für die Echtheit des Briefwechsels Jesu mit Abgar ist jedoch Eusebius von Cäsarea († 339).

„Eusebius steht an der Wende zweier Weltalter. Mit seiner Bildung, seinen Interessen und seinen den Ertrag der Vergangenheit zusammenfassenden Werken gehört er noch der vornizänischen Zeit an, als Bischof und Kirchenpolitiker steht er inmitten der ... neuen konstantinischen Epoche. Um 263 in Palästina, vielleicht in Cäsarea geboren, erhielt er am Sitz der von Origenes begründeten Schule und berühmten Biblio-

thek durch Pamphilius … seine gelehrte Bildung…
313 wurde er Bischof von Cäsarea und gewann großen Einfluß auf Kaiser Konstantin wegen seiner Ge-
lehrsamkeit … Eusebius lebt für alle Zeiten fort als
der große Geschichtsschreiber des christlichen Alter-
tums … Sein Hauptwerk ist seine zehn Bücher zählen-
de Kirchengeschichte von der Gründung der Kirche
bis zum Siege Konstantins über Licinus (324) … Zwar
vermag Eusebius noch kein genetisch entwickeltes Ge-
schichtsbild zu zeichnen; in der Hauptsache bietet er
eine Materialiensammlung, worin Tatsachen, Exzerp-
te aus der altchristlichen Literatur und Aktenstücke in
bunter, meist aber chronologischer Folge aneinander-
gefügt sind. Schon vor Beginn der Diokletianischen
Verfolgung (303) wurde das Werk in sieben Büchern
veröffentlicht. Die sich rasch ablösenden neuen, welt-
geschichtlich so entscheidenden Ereignisse zwangen
ihn jedoch, mehrere Erweiterungen und Fortsetzun-
gen anzufügen … Die Kirchengeschichte wurde wohl
noch im 4. Jahrhundert ins Syrische und danach später ins Armenische übersetzt. 403 fertigte Rufinus eine
lateinische Übersetzung an und führte die Darstellung
bis 395 fort." (8)

Nach C. Verschaffel darf Eusebius von Cäsarea der
„Christliche Herodot" und der „Vater der Kirchengeschichte" genannt werden. Er habe eine unvergleich-
liche geschichtliche Kenntnis der ersten christlichen
Jahrhunderte besessen. (9)

Dieser hervorragende Geschichtskenner Eusebius
von Cäsarea ist es nun, der einen eingehenden Bericht
gibt über den Briefwechsel Jesu mit König Abgar. Eusebius schreibt am Ende des I. Buches seiner Kirchen-

geschichte, er habe diesen Briefwechsel in den Archiven der Stadt Edessa gefunden. In dieser königlichen Urkundensammlung seien die geschichtlichen Schriftstücke über die Ereignisse der Stadt Edessa und über die Regierungszeit des Königs Abgar aufbewahrt. Er habe mit großer Sorgfalt den Briefwechsel Jesu und Abgars aus dem Syrischen ins Griechische übertragen. (10)

Diesem Bericht läßt Eusebius die Übersetzung der zwei ersten Briefe folgen. Der Leser der „Kirchengeschichte" mag wohl bedauern, daß Eusebius nicht den ganzen Briefwechsel hier veröffentlicht hat. Jedoch muß man bedenken, daß Eusebius nur die geschichtlichen Tatsachen darlegen und beweisen will. Es würde seine Kirchengeschichte zu sehr belastet haben, hätte er darin alle alten Dokumente veröffentlicht. Eusebius weist ja auf die Quelle hin, wo er die Dokumente gefunden hat, so daß jeder, der für weiteres Studium Interesse hat, auf Grund des Quellennachweises die Dokumente eingehend studieren kann. Deshalb sagt Eusebius, daß diese Schriftstücke in der öffentlichen Staatsbibliothek von Edessa zugänglich sind.

Eusebius fügt den beiden Briefen einen Bericht über die Missionstätigkeit eines Thaddäus (oder Addäus) bei, der einer der zwölf Jünger Jesu gewesen und vom Apostel Judas oder Thomas nach Edessa gesandt worden sei, um dort das Evangelium zu verkünden. Dieser Thaddäus habe den König Abgar in der Lehre Christi unterrichtet, ihn geheilt, und dann das Evangelium mit solcher Macht verkündet, daß ein großer Teil des Volkes sich bekehrt habe.

Diese Einzelheiten sind auch berichtet in der sog.

Doctrina Addai. Diese in syrischer Sprache verfaßte Schrift enthält auch die beiden ersten Briefe Abgars und Jesu; fügt aber noch den Bericht einer Überlieferung hinzu, nach der ein Bote Abgars für seinen König ein Bild Jesu verfertigt habe.

Jeder unsern Herrn und Heiland liebende Christ mag es wohl sehr bedauern, daß von dem Briefwechsel des Herrn mit dem König von Edessa nur die zwei ersten Briefe durch geschichtliche Dokumente überliefert wurden. Denn leider sind die alten Schriftstücke des königlichen Archivs von Edessa, vielleicht durch Kriegseinwirkungen, verlorengegangen.

Jedoch sollte nichts von dem, was Jesus auf Erden gelehrt, gewirkt oder irgendwie mitgeteilt hat, für immer verloren sein. Durch Gottes Fügung und Gottes Gnade soll der Menschheit das Heilswerk unseres Erlösers in vollem Umfang mitgeteilt werden.

So ist auch dieser Briefwechsel Jesu mit Abgar Ukkama an Jakob Lorber, den „Schreibknecht Gottes", in den Jahren 1845/46 in Greifenburg* und Graz (Österreich) neu geoffenbart, das heißt durch seine innere Gottesstimme – man könnte auch sagen durch den Heiligen Geist Gottes – in die Feder diktiert worden.

Wir dürfen feststellen, daß die vorliegenden, Jakob Lorber in deutscher Sprache diktierten Briefe, ein originales Schriftwerk darstellen, das heißt, sie wurden weder abgeschrieben noch etwa aus der syrischen, griechischen oder lateinischen Sprache übersetzt.

---

* Vorübergehender Aufenthalt bei den Brüdern Michael und Josef Lorber.

Der Vergleich mit den geschichtlich überlieferten, vermutlich mehrfach übersetzten und mehrfach abgeschriebenen beiden ersten Briefen zeigt, daß der diktierte deutsche Text mit dem griechischen Text der Briefe nach Eusebius am genauesten übereinstimmt, wogegen der Text der in syrischer Sprache verfaßten „Doctrina Addai" ergänzende Satzteile aufweist.

Der Inhalt des Briefwechsels ist wie ein Evangelium in kürzester Form. Die sieben Briefe des Herrn enthalten die wichtigsten Lehren Seiner Heilsbotschaft und auch eine erklärende Darlegung unserer Erlösung durch Seinen Opfertod.

Somit wird uns dieser Briefwechsel Jesu mit Abgar dargeboten als ein überaus kostbares „Kleines Evangelium", das uns die Liebe des Himmlischen Vaters zu uns, Seinen Kindern, in zweifacher Hinsicht neu und umfassend offenbart: Erstens bekommen wir hierdurch sehr tiefe Einblicke in das damalige Geschehen zwischen Jesus und Abgarus und zweitens erleben und erkennen wir daraus das von Seiner väterlichen Liebe zu uns heutigen Menschen getragene und durch Seinen Heiligen Geist gelenkte Neu-Offenbarungs-Geschehen.

Die Herausgeber

Quellenangaben

(1) Meyers Großes Taschenlexikon (1981), Bd. III S. 220.

(2) Augustinus, Contra Faust. 28,4; De Consensu evangelistarum I, 7,11.

(3) Gutschmid, Untersuchungen über die Geschichte des Königreiches Osrhoene. Mem. der Akad. v. St. Petersburg. Dict. Théol. Cath. Bd. I. Spalte 67. Stichwort „Abgar" v. J. Parisot.

(4) P. Smith, Thesaurus syriacus. Spalte 477.

(5) Assémani, Bibliotheca orientalis. Rom, 1719. Bd. I. Spalte 420.

(6) Bibliotheca Orientalis. Bd. I. Spalte 393; sowie: Dict. Théol. Cath. Bd. I. Spalten 68–72.

(7) Extrait du Journal asiatique, Paris, 1892, S. 81.

(8) Berthold Altaner, Patrologie. Freiburg i. Br., Herder, 1938. S. 141–143.

(9) Dict. Théol. Cath. V. Bd.; 2. Teil; Spalte 1528.

(10) Migne, Patr. Graeca 20, 121–124. 136. 137.